MRJ ᅴ G

a — Open your mouth wider like when you eat a big apple.

✶ **r** 💧 — At the END of a word, pronounce like —er— in wat(er).

r ✶ — At the START of a word, pronounce like a kiss.

f — Gently bite your lower lip and let out air.

v  — Gently bite your lower lip and vibrate.

l — Push your top teeth with your tongue.

z — Say like the letter S but also vibrate.

MRJ's Fav Links

A fun free phonics game

ABC song youtube playlist

S is for Snake

글자를 소리내어 읽으면서, 천천히 써보세요.

S 에쓰

S 쓰

S is for Snake

글자를 소리내어 읽으면서, 천천히 써보세요.

S 에쓰

S 쓰

S is for Snake

글자를 소리내어 읽으면서, 천천히 써보세요.

S 에쓰

S 쓰

A is for Apple

글자를 소리내어 읽으면서, 천천히 써보세요.

A 애이

a 애

A is for Apple

글자를 소리내어 읽으면서, 천천히 써보세요.

A 애이

a 애

 # A is for Apple

글자를 소리내어 읽으면서, 천천히 써보세요.

A 애이

a 애

T is for Truck

MRJ 영어학원

글자를 소리내어 읽으면서, 천천히 써보세요.

T 티

t 트

T is for Truck

글자를 소리내어 읽으면서, 천천히 써보세요.

T 티

t 트

T is for Truck

MRJ 영어학원

글자를 소리내어 읽으면서, 천천히 써보세요.

T 티

t E

P is for Pizza

MRJ 영어학원

글자를 소리내어 읽으면서, 천천히 써보세요.

P 피

P ㅍ

MRJ 영어학원 P is for Pizza

글자를 소리내어 읽으면서, 천천히 써보세요.

P 피

P ㅍ

P is for Pizza

글자를 소리내어 읽으면서, 천천히 써보세요.

P 피

P ㅍ

SATP

Review

글자를 소리내어 읽어 보세요!

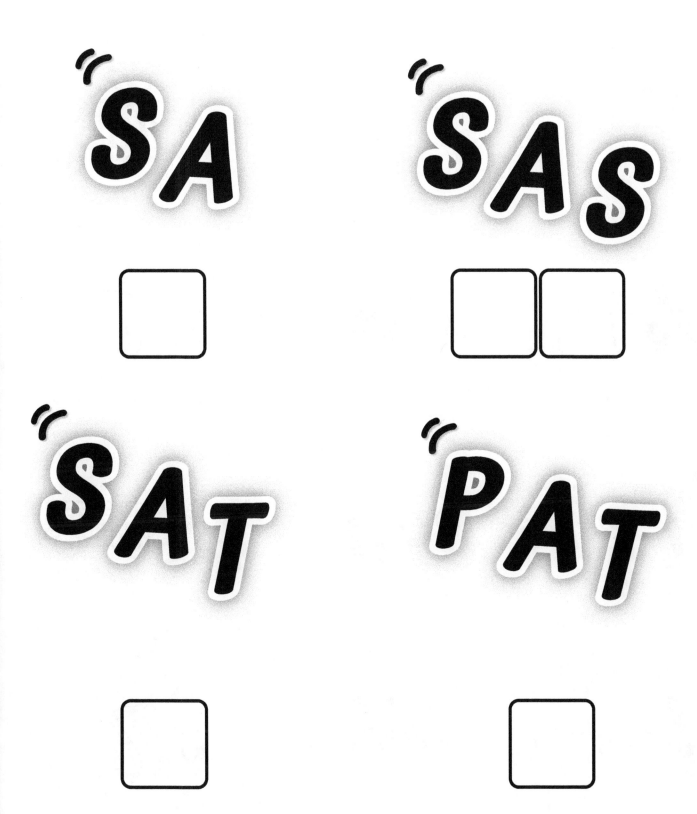

S A T P

Review

글자의 소리에 맞게 연결해보세요.

 ○	○  ○	○ 
 ○	○  ○	○ 
 ○	○  ○	○ 
 ○	○  ○	○ 

I is for Ice cream

글자를 소리내어 읽으면서, 천천히 써보세요.

I 아이

i 이

I is for Ice cream

글자를 소리내어 읽으면서, 천천히 써보세요.

I 아이

i 이

I is for Ice cream

글자를 소리내어 읽으면서, 천천히 써보세요.

I 아이

i 이

N is for Nut

글자를 소리내어 읽으면서, 천천히 써보세요.

N 엔

n ㄴ

N is for Nut

글자를 소리내어 읽으면서, 천천히 써보세요.

N 엔

n 느

N is for Nut

글자를 소리내어 읽으면서, 천천히 써보세요.

N 엔

n 느

M is for Monkey

MRJ 영어학원

글자를 소리내어 읽으면서, 천천히 써보세요.

M 엠

m 음

M is for Monkey

글자를 소리내어 읽으면서, 천천히 써보세요.

M 엠

m 음

M is for Monkey

MRJ 영어학원

글자를 소리내어 읽으면서, 천천히 써보세요.

M 엠

m 음

D is for Dinosaur

글자를 소리내어 읽으면서, 천천히 써보세요.

D 디

d ㄷ

D is for Dinosaur

글자를 소리내어 읽으면서, 천천히 써보세요.

D 디

d 드

MRJ 영어학원 D is for Dinosaur

글자를 소리내어 읽으면서, 천천히 써보세요.

D 디

d ㄷ

I N M D

글자를 소리내어 읽어 보세요!

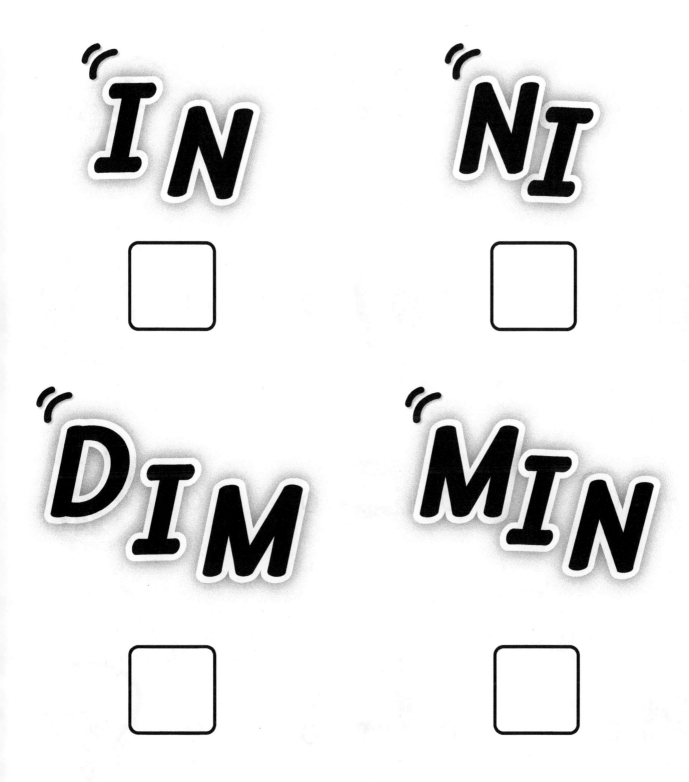

I N M D

Review

글자의 소리에 맞게 연결해보세요.

 ○   ○   ○

 ○    ○   ○

 ○    ○   ○

 ○   ○   ○

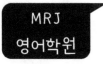 # O is for Ox

글자를 소리내어 읽으면서, 천천히 써보세요.

O 오

O 아

O is for Ox

글자를 소리내어 읽으면서, 천천히 써보세요.

O 오

O 아

O is for Ox

글자를 소리내어 읽으면서, 천천히 써보세요.

O 오

O 아

G is for Ghost

MRJ 영어학원

글자를 소리내어 읽으면서, 천천히 써보세요.

G 지

g ㄱ ㅈ

G is for Ghost

글자를 소리내어 읽으면서, 천천히 써보세요.

G 지

g ㄱ ㅈ

G is for Ghost

MRJ 영어학원

글자를 소리내어 읽으면서, 천천히 써보세요.

G 지

g ㄱ ㅈ

C is for Cat

MRJ 영어학원

글자를 소리내어 읽으면서, 천천히 써보세요.

C 씨

C 크, ㅆ

MRJ 영어학원 — C is for Cat

글자를 소리내어 읽으면서, 천천히 써보세요.

C 씨

c ㅋ / 쓰

C is for Cat

글자를 소리내어 읽으면서, 천천히 써보세요.

C 씨

C ㅋ ㅆ

K is for Kite

글자를 소리내어 읽으면서, 천천히 써보세요.

K 케이

k ㅋ

K is for Kite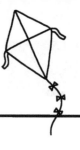

글자를 소리내어 읽으면서, 천천히 써보세요.

K 케이

k ㅋ

K is for Kite

글자를 소리내어 읽으면서, 천천히 써보세요.

K 케이

k 크

OGCK

글자를 소리내어 읽어 보세요!

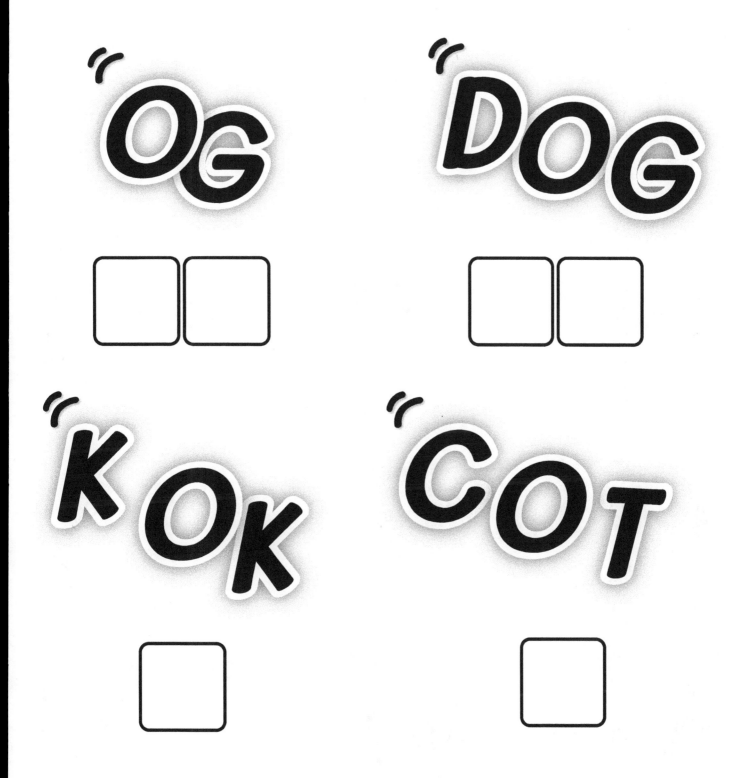

O G C K

Review

글자의 소리에 맞게 연결해보세요.

O   ㅋ   

G   ㅋ   

C   ㄱ   

K   아   

CK is for blaCK

MRJ 영어학원

글자를 소리내어 읽으면서, 천천히 써보세요.

CK
ㅋ

ck
ㅋ

CK is for blaCK

글자를 소리내어 읽으면서, 천천히 써보세요.

CK
ㅋ

ck
ㅋ

CK is for blaCK

글자를 소리내어 읽으면서, 천천히 써보세요.

CK
ㅋ

ck
ㅋ

E is for Elephant

MRJ 영어학원

글자를 소리내어 읽으면서, 천천히 써보세요.

E 이

e 에

MRJ 영어학원
E is for Elephant

글자를 소리내어 읽으면서, 천천히 써보세요.

E 이

e 에

E is for Elephant

글자를 소리내어 읽으면서, 천천히 써보세요.

E 이

e 에

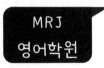 # U is for Umbraella

글자를 소리내어 읽으면서, 천천히 써보세요.

U 유

U 어

MRJ 영어학원 — U is for Umbraella

글자를 소리내어 읽으면서, 천천히 써보세요.

U 유

U 어

U is for Umbraella

글자를 소리내어 읽으면서, 천천히 써보세요.

U 유

u 어

MRJ 영어학원 — R is for Rainbow

글자를 소리내어 읽으면서, 천천히 써보세요.

R 앙

ㅏ

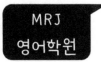 

R is for Rainbow

글자를 소리내어 읽으면서, 천천히 써보세요.

R 앙

ㅏ 앙

R is for Rainbow

글자를 소리내어 읽으면서, 천천히 써보세요.

R 앙

r 아

C K E U R

글자를 소리내어 읽어 보세요!

C K E U R

Review

글자의 소리에 맞게 연결해보세요.

H is for Hamster

MRJ 영어학원

글자를 소리내어 읽으면서, 천천히 써보세요.

H
에이츄

h
ㅎ

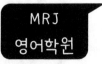 # H is for Hamster

글자를 소리내어 읽으면서, 천천히 써보세요.

H
에이츠

h

H is for Hamster

글자를 소리내어 읽으면서, 천천히 써보세요.

H
에이치

h
에이치

 # B is for Bee

글자를 소리내어 읽으면서, 천천히 써보세요.

B 비

b ㅂ

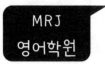

B is for Bee

글자를 소리내어 읽으면서, 천천히 써보세요.

B 비

b 브

 # B is for Bee

글자를 소리내어 읽으면서, 천천히 써보세요.

B 비

b 브

F is for Fire

글자를 소리내어 읽으면서, 천천히 써보세요.

F 에

f

MRJ 영어학원

F is for Fire

글자를 소리내어 읽으면서, 천천히 써보세요.

F 에

f 에

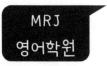 # F is for Fire

글자를 소리내어 읽으면서, 천천히 써보세요.

F 에

f

H B F

Review

글자를 소리내어 읽어 보세요!

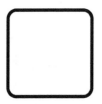

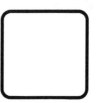

H B F

Review

글자의 소리에 맞게 연결해보세요.

 ○   ○    ○

 ○   ○    ○

 ○   ○    ○

MRJ 영어학원

J is for Jet

글자를 소리내어 읽으면서, 천천히 써보세요.

J 제이

j ㅈ

J is for Jet

글자를 소리내어 읽으면서, 천천히 써보세요.

J 제이

j ㅈ

J is for Jet

MRJ 영어학원

글자를 소리내어 읽으면서, 천천히 써보세요.

J 제이

j ㅈ

 Q is for Queen

글자를 소리내어 읽으면서, 천천히 써보세요.

Q
큐

q
ㅋ

Q is for Queen

글자를 소리내어 읽으면서, 천천히 써보세요.

Q 큐

q ㅋ

 # Q is for Queen

글자를 소리내어 읽으면서, 천천히 써보세요.

Q 큐

q ㅋ

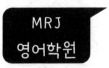 

QU is for QUeen

글자를 소리내어 읽으면서, 천천히 써보세요.

QU
kw

QUA
쾌

QU is for QUeen

글자를 소리내어 읽으면서, 천천히 써보세요.

QU
kw

QUA
쾌

 # V is for Volcano

글자를 소리내어 읽으면서, 천천히 써보세요.

V

V

V is for Volcano

글자를 소리내어 읽으면서, 천천히 써보세요.

 # V is for Volcano

글자를 소리내어 읽으면서, 천천히 써보세요.

V

v

W is for Whale

글자를 소리내어 읽으면서, 천천히 써보세요.

W 더블류

WA 왜

W is for Whale

MRJ 영어학원

글자를 소리내어 읽으면서, 천천히 써보세요.

W 더블류

WA 왜

W is for Whale

MRJ 영어학원

글자를 소리내어 읽으면서, 천천히 써보세요.

W 더블류

WA 왜

L is for Ladybug

글자를 소리내어 읽으면서, 천천히 써보세요.

L ⚠

l ⚠

L is for Ladybug

글자를 소리내어 읽으면서, 천천히 써보세요.

L 엘

l

 # L is for Ladybug

글자를 소리내어 읽으면서, 천천히 써보세요.

L 엘

l

L J QU V W

Review

글자를 소리내어 읽어 보세요!

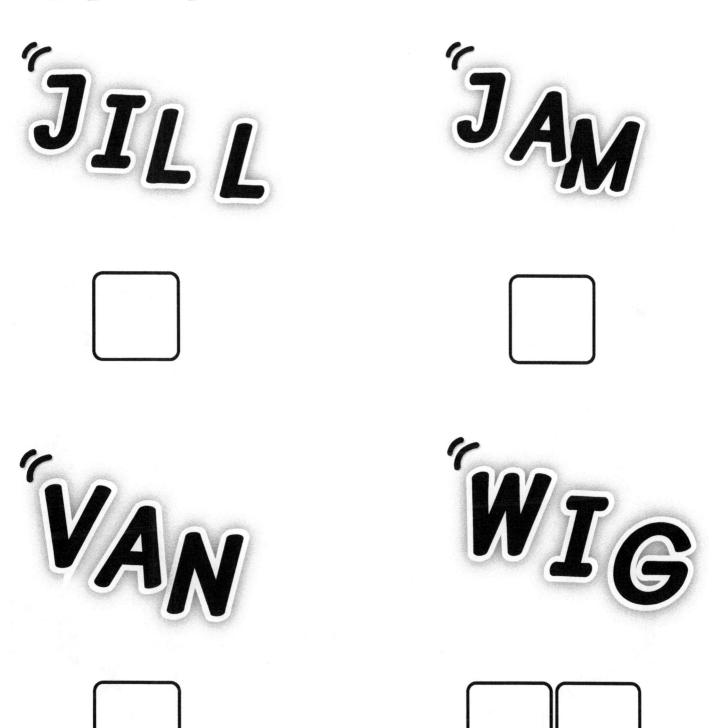

L J QU V W Review

글자의 소리에 맞게 연결해보세요.

QU o   o 왜   o

L   o   o    o

J   o   o    o

V   o   o KW   o

WA o   o ㅈ   o

X is for X-ray

글자를 소리내어 읽으면서, 천천히 써보세요.

X 엑쓰

X ks

X is for X-ray

글자를 소리내어 읽으면서, 천천히 써보세요.

X 엑쓰

X ks

X is for X-ray

글자를 소리내어 읽으면서, 천천히 써보세요.

X 엑쓰

X ks

Y is for Yacht

글자를 소리내어 읽으면서, 천천히 써보세요.

Y 와이

ya 애

Y is for Yacht

글자를 소리내어 읽으면서, 천천히 써보세요.

Y 와이

ya 얘

Y is for Yacht

글자를 소리내어 읽으면서, 천천히 써보세요.

Y 와이

ya 애

Z is for Zebra

글자를 소리내어 읽으면서, 천천히 써보세요.

Z ☆
쓔ㅔㄷ

Z
☆
쓔

Z is for Zebra

글자를 소리내어 읽으면서, 천천히 써보세요.

Z
☆
쎄 드

z
☆
쓰

Z is for Zebra

글자를 소리내어 읽으면서, 천천히 써보세요.

Z
☆
쎄드

Z
☆
쓰

X Y Z

Review

글자를 소리내어 읽어 보세요!

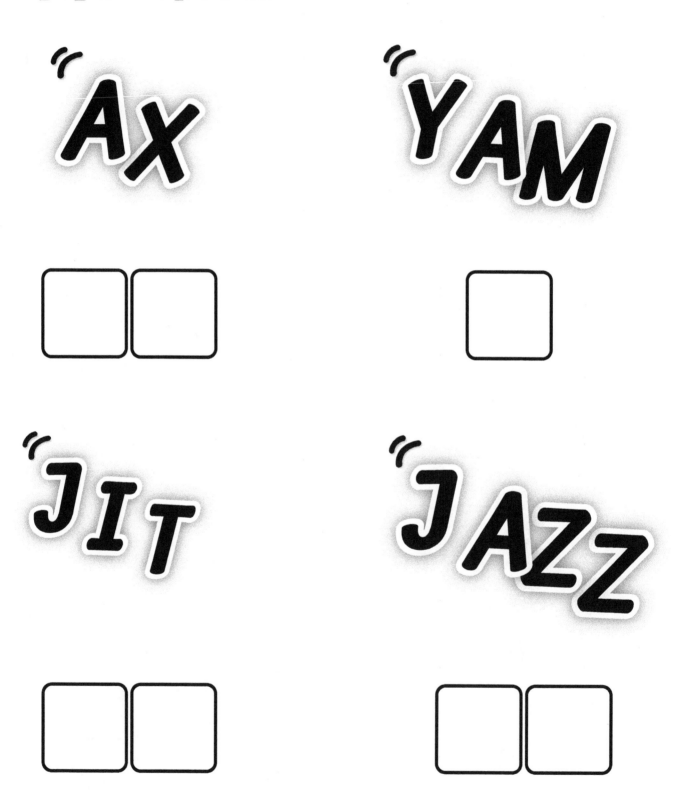

X Y Z

Review

글자의 소리에 맞게 연결해보세요.

 ○ ○  ○ ○

 ○ ○ ○ ○

 ○ ○ ○ ○

Challenge

FIND ALL THE LETTERS OF THE ALPHABET

www.ingramcontent.com/pod-product-compliance
Lightning Source LLC
Chambersburg PA
CBHW081002271224
19570CB00028B/381